Ernst Probst

Janet Gaynor - Die erste "Oscar"-Preisträgerin

GRIN Verlag

Bibliografische Information der Deutschen Nationalbibliothek:

Die Deutsche Bibliothek verzeichnet diese Publikation in der Deutschen National-
bibliografie; detaillierte bibliografische Daten sind im Internet über http://dnb.d-
nb.de/ abrufbar.

Impressum:

Copyright © 2012 GRIN Verlag, Open Publishing GmbH
Druck und Bindung: Books on Demand GmbH, Norderstedt Germany
ISBN: 978-3-656-21284-3

Dieses Buch bei GRIN:

http://www.grin.com/de/e-book/195271/janet-gaynor-die-erste-oscar-preistraegerin

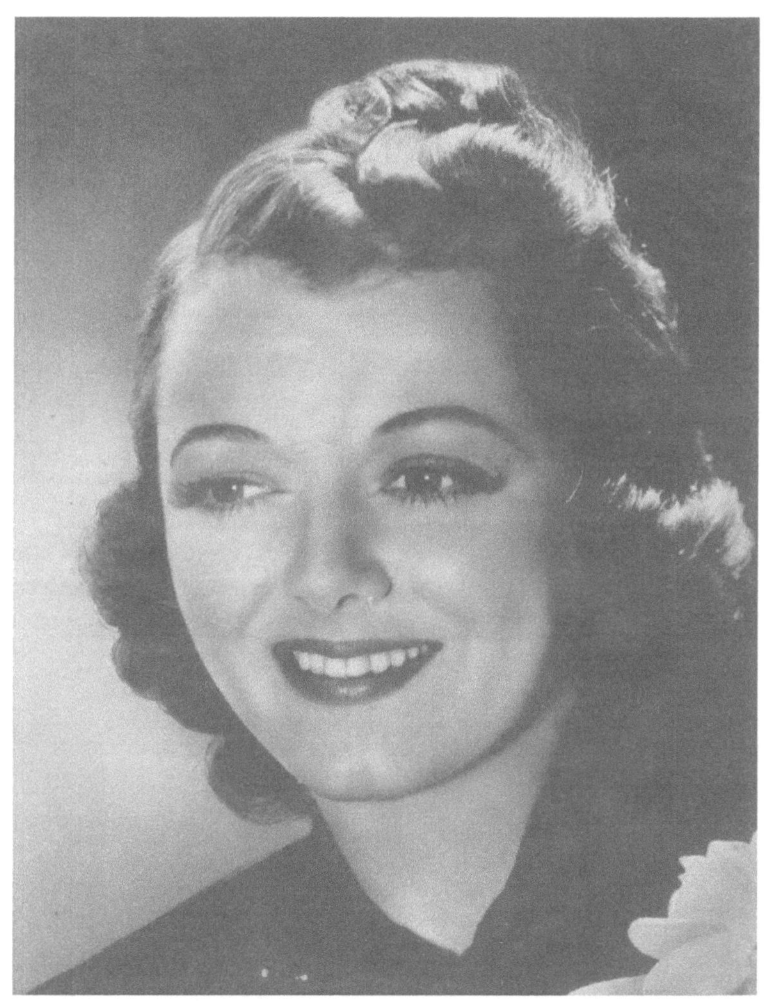

Janet Gaynor (1906–1984),
geborene Laura Augusta Gainer

Ernst Probst

Janet Gaynor

Die erste
„Oscar"-Preisträgerin

Beate Werner,
Bernd Werner;
Marianne Werner,
Otto Werner,
Sonja Werner,
Dr. Jochen Werner,
Christine Werner und
Steffen Werner
gewidmet

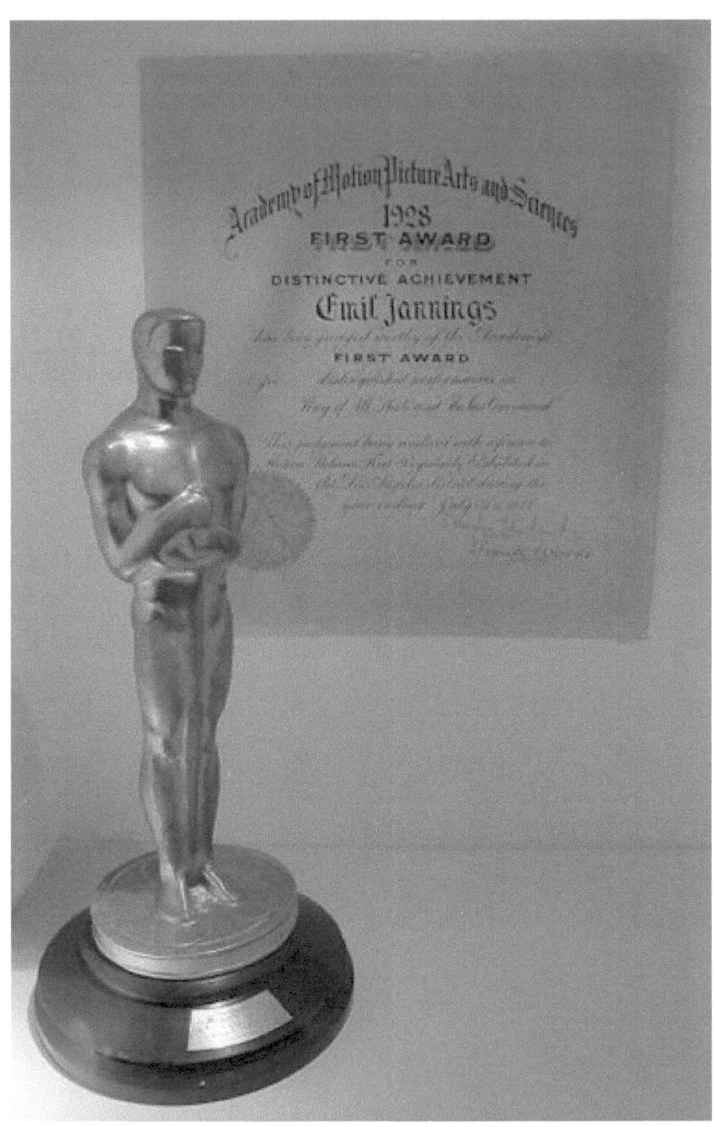

„Oscar"-Statue von 1929

Janet Gaynor

Die erste „Oscar"-Preisträgerin

Den ersten „Oscar" als beste weibliche Hauptdarstellerin erhielt 1929 die amerikanische Filmschauspielerin Janet Gaynor (1906–1984), eigentlich Laura Augusta Gainer. Mit dieser hohen Auszeichnung sind die Leistungen der kleinen Frau mit den großen Augen in drei Filmen aus den Jahren 1927 und 1928 gewürdigt worden.

Laura Augusta Gainer kam am 6. Oktober 1906 um 3.50 Uhr als zweite Tochter des Tapezierers, Malers und Dekorateurs Frank DeWitt Gainer und seiner Ehefrau Laura Buhl im Stadtteil Germantown von Philadelphia (Pennsylvania) zur Welt. In der Literatur findet man auch die Schreibweise „Gainor" des Familiennamens. Die Eltern gaben Laura bald den Spitznamen „Lolly". Der Vorname der vier Jahre älteren Schwester von Laura hieß Helen oder Hilary.

Der Vater von Laura betätigte sich in seiner Freizeit als Amateur-Theaterspieler. Er sang als lyrischer Tenor in einem Quartett. Ihm verdankte die ruhige Laura mit einem bemerkenswerten Gedächtnis ihr Interesse am Theater, Gesang und Tanz. Die Fähigkeiten in diesen Bereichen der Kunst kamen ihr später beim Film zugute.

Auch die Tochter Helen erbte die Liebe ihres Vaters zur Schauspielerei. Die Mutter war liebevoll, aber streng. Als sich ihre Eltern 1914 scheiden ließen, war Laura acht Jahre alt. Danach zog die Mutter mit ihren beiden Töchtern nach Chicago (Illinois). Der Vater ließ sich zusammen mit seinem Neffen in Philadelphia (Pennsylvania) nieder. Während des Ersten Weltkriegs (1914–1918) traten die Schwestern Helen und Laura in der „Great Lakes Naval Training Station" nördlich von Chicago am Lake Michigan auf.

Nach einer schweren Grippe im Winter in Chicago lebte Laura einige Winter bei ihrer Tante Tilley Buhl in Melbourne im sonnigen Florida, ging dort zur Schule und spielte Amateur-Theaterstücke. Dank ihrer Intelligenz absolierte sie die sechste und siebte Klasse der Sonntagsschule innerhalb eines Schuljahres. Ab 1919 besuchte sie die „Lakeview High School" in Chicago.

1922 heiratete die Mutter den Privatdetektiv Harry C. Jones. Er wurde liebevoll „Jonesey" genannt und hing sehr an seiner Stieftochter Laura. Nach der Heirat ließ sich die Familie in San Francisco (Kalifornien) nieder. 1923 kehrte Laura der „Polytechnic High School" in San Francisco den Rücken. Bald danach wählte ihre Familie Hollywood (Kalifornien) als neuen Wohnsitz. Dort besuchten Helen und Laura die „Hollywood Secretarial School" und ließen sich als Stenografinnen ausbilden. Zeitweise arbeitete Laura für 18 US-Dollar pro Woche in einem Schuhgeschäft.

Anfangs lächelte Laura nur, wenn ihr Stiefvater „Jonesey" prophezeite, sie würde eines Tages ein Filmstar sein. Doch eines Tages gingen Laura und ihre Schwester Helen in ein Filmstudio, stellten sich vor und erhielten kleine Rollen in Kurzfilmen. Angeblich war damals das Interesse am Film bei Laura immer noch nicht besonders groß.

Die Karriere von Laura als Filmschauspielerin begann 1924 mit Auftritten in Stummfilmen wie „Cupid's Rustler", „Young Ideas" und „All Wet". Dabei wurde sie nicht im Abspann erwähnt. Auch in ihren Stummfilmen von 1925 und 1926 hat man sie oft nicht im Abspann aufgeführt. Auf Anraten ihres Stiefvaters „Jonesey" wählte sie den griffigen Künstlernamen Janet Gaynor.

Mit ihrer zarten Gestalt, ihrem feinen Gesicht, ihren großen Augen, ihren hübschen Grübchen und ihrer Verletzlichkeit bezauberte die 1,52 Meter große Janet Gaynor bald das Kinopublikum. Dank ihrer unbestrittenen Qualitäten betrachtete das Filmstudio „Fox" sie als Nachfolgerin des Filmstars Mary Pickford (1893–1979), die als „Königin des Stummfilms" galt.

Den Durchbruch auf der Kinoleinwand schaffte Janet Gaynor mit 20 Jahren in dem Katastrophenfilm „The Johnstown Flood" (1926), in dem sie zusammen mit George O'Brien (1899–1985) auftrat. Darin geht es um die Folgen der Dammbruch-Katastrophe der South-Fork-Talsperre am 28. Mai 1889. Nach starken und

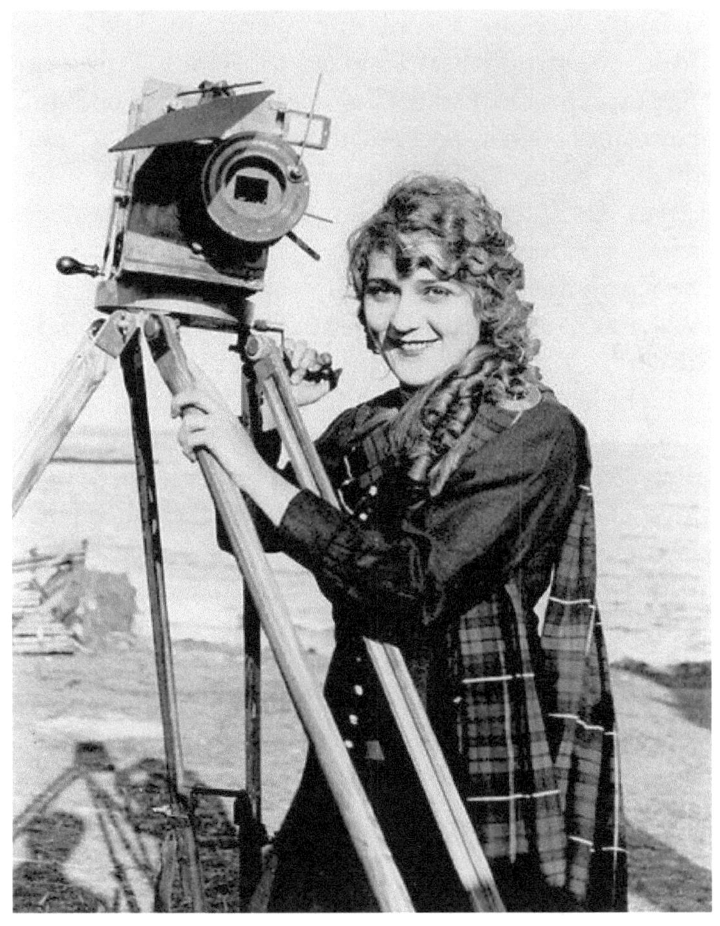

Mary Pickford (1893–1979)

anhaltenden Regenfällen war der Damm der Talsperre gebrochen, die für die Familien aus Pittsburgh als Naherholungsort diente. Die bis zu 15 Meter hohe Flutwelle überschwemmte die Stadt Johnstown, wobei mehr als 2.000 Menschen ertranken.

Janet Gaynor spielte ihre Rolle der Anne Burger in „The Johnstown Flood" sehr überzeugend. Dies bewog den „Fox"-Produktionschef Winfield Shehan (1883–1945), mit Janet einen Vertrag für weitere Filmrollen mit einer Gage von 100 US-Dollar pro Woche abzuschließen. Danach drehte sie unter anderem die Streifen „The Shamrock Handicap", „The Blue Eagle", „The Midnight Kiss" und „The Return of Peter Grimm", die alle 1926 in die Kinos kamen.

Ebenfalls 1926 wählte man Janet Gaynor unter die „WAMPAS Baby Stars des Jahres". Bei Letzteren handelte es sich um Starlets und Künstlerinnen, bei denen man das Potential für eine große Karriere vermutete.

Im Sommer 1927 starb Harry C. Jones, der Stiefvater von Janet Gaynor. Janet drehte gerade die Filmkomödie „Two Girls Wanted" (1927), als sie die traurige Nachricht des Todes von „Jonesey" erfuhr.

Für die drei Filme „Sevent Heaven" („Das Glück in der Mansarde", 1927), „Sunrise. A song of Two Humans" („Sonnenaufgang – Lied von zwei Menschen", 1927) und „Street Angel" („Engel der Straße", 1928) gewann Janet Gaynor 1929 den „Oscar", der eigentlich

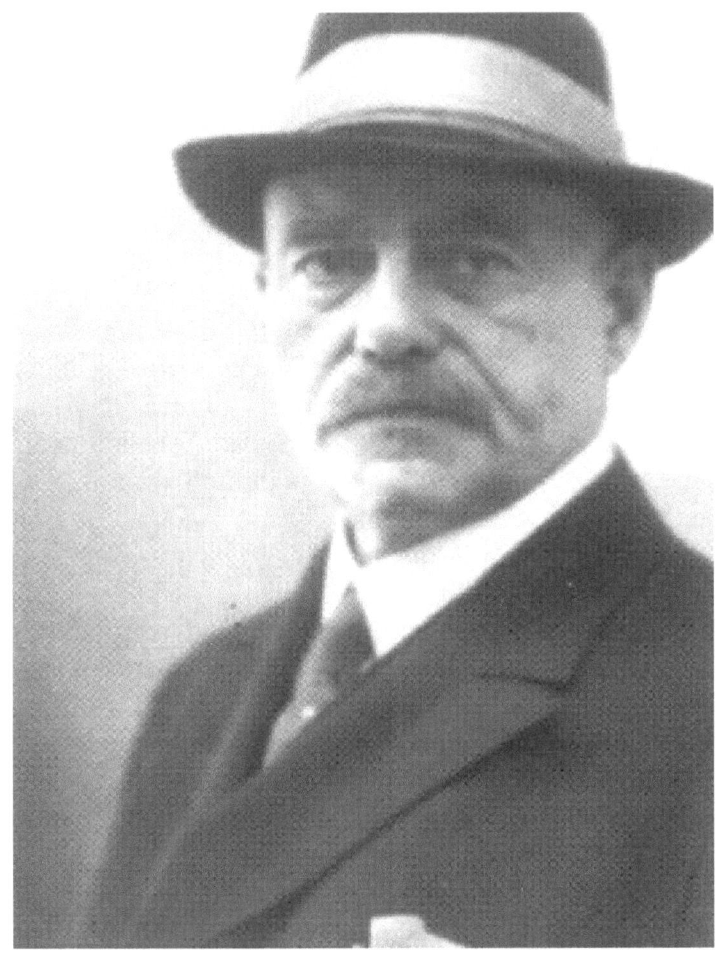

Hermann Sudermann (1857–1928)

„Academy Awards of Merit" hieß. Man verlieh ihr diese Auszeichnung nicht nur wegen ihrer schauspielerischen Leistungen, sondern auch wegen ihrer großen Beliebtheit. Es war das erste und letzte Mal, dass ein „Oscar" für die Mitwirkung eines Schauspielers in mehreren Filmen vergeben wurde.

Sevent Heaven" („Das Glück in der Mansarde") handelt von der jungen Prostituierten Diane (Janet Gaynor), die unter ihrer nach Absinth süchtigen Schwester Nana (Gladys Brockwell) leidet. Sie wird von Chico (Charles Farrell), der in der Kanalisation von Paris arbeitet und davon träumt, zum Straßenfeger aufzusteigen und eine blonde Lebensgefährtin zu finden, gerettet. Chico bewahrt die unschuldige Diane vor der Verhaftung durch die Polizei, indem er sich als ihr Ehemann ausgibt. Daraufhin wohnen die Beiden in der Mansarde von Chico zusammen. Bei Ausbruch des Krieges erhält Chico seine Einberufung und Diane findet Arbeit in einer Munitionsfabrik. Eines Tages erhält Diane die betrübliche Nachricht, Chico sei tot. Doch später kehrt er verwundet und erblindet zu Diane zurück. Dieser Film wurde in Deutschland unter den Titeln „Das Glück in der Mansarde" und „Im siebenten Himmel" aufgeführt. Die Gage der Gaynor betrug 300 US-Dollar pro Woche.

„Sunrise. A song of Two Humans" („Sonnenaufgang – Lied von zwei Menschen") beruht auf dem Buch „Die Reise nach Tilsit" des deutschen Autors Hermann

Sudermann (1857–1928). Darin spielt Janet Gaynor für 100 US-Dollar pro Woche eine Bauersfrau. Deren Ehemann (George O'Brien) beginnt mit einer Frau aus der Stadt (Margaret Livingston), die Sommerferien macht, eine Affäre. Seine Geliebte bittet ihn, seine Frau im See zu ertränken, sein Land zu verkaufen und mit in die Stadt zu kommen. Der Bauer schreckt aber im letzten Moment vor dem Mord zurück, bereut seinen Plan, versöhnt sich mit seiner Frau und erlebt einen schönen Tag mit ihr in der Stadt. Auf dem Heimweg kentert das Boot der Beiden im Sturm. Der Bauer rettet sich an Land, doch seine Frau bleibt verschwunden und er hält sie für tot. Als die Geliebte aus der Stadt in sein Haus kommt, versucht der wütende Bauer, sie zu erwürgen. Doch im letzten Augenblick erfährt er, seine Frau habe überlebt. Die Frau aus der Stadt reist wieder ab und das Bauernpaar wird glücklich vereint.

„Street Angel" („Engel der Straße") fußt auf der Erzählung „Cristilinda" des irischen Autors Monckton Hoffe (1880–1951). Der Film war eine Mischung von Stummfilm mit Zwischentiteln sowie Tonfilm mit Musik und Soundeffekten. Janet Gaynor hatte die weibliche Hauptrolle der Angela, die in Neapel wegen eines Diebstahls irrtümlich für eine Prostituierte gehalten wird. In Wirklichkeit hat sie den Diebstahl begangen, um Geld für die Medizin ihrer todkranken Mutter zu beschaffen. Man verurteilt Angela zu einem Jahr Arbeitslager. Doch ihr gelingt die Flucht und sie findet

Arbeit als Artistin bei einem Zirkus. Dort lernt sie den Maler Gino (Charles Farrell) kennen. Ihre Karriere als Artistin endet jäh, als sie sich bei einem Sturz das Fußgelenk bricht. Gino will nach Neapel, ahnt aber die Vergangenheit von Angela nicht und weiß nicht, dass diese immer noch polizeilich gesucht wird.

Schauplatz der ersten „Oscar"-Verleihung am 16. Mai 1929 war der „Blossom Ballroom" des 1927 eröffneten „Hollywood Roosevelt Hotel". Dieses Luxushotel im spanischen Stil ist nach dem früheren US-Präsidenten Theodore Roosevelt (1858–1919) benannt. Es wurde von einer Investorengruppe finanziert, zu der unter anderem Douglas Fairbanks senior, Mary Pickford und Louis B. Mayer gehörten. An der ersten „Oscar"-Verleihung nahmen etwa 280 Gäste teil. Zum Vergleich: Zur „Oscar"-Verleihung 2011 waren 3.300 Gäste eingeladen. Die erste Vergabe der zwölf schmucken Statuen glich eher einem Schnellverfahren als der glamourösen Supershow unserer Zeit. Im Gegensatz zu heute wurden die Preisträger im Voraus informiert, dass sie gewonnen hatten. Janet Gaynor erklärte keck, sie habe sich beim Festbankett über die Begegnung mit dem smarten Filmidol Douglas Fairbanks senior (1883–1939) mehr gefreut als über den seltsamen Filmpreis.

Seine Erfindung verdankt der „Oscar" dem Regisseur Fred Niblo (1874–1948), dem Leinwandhelden Conrad Nagel (1897–1970) und dem Mitbegründer des

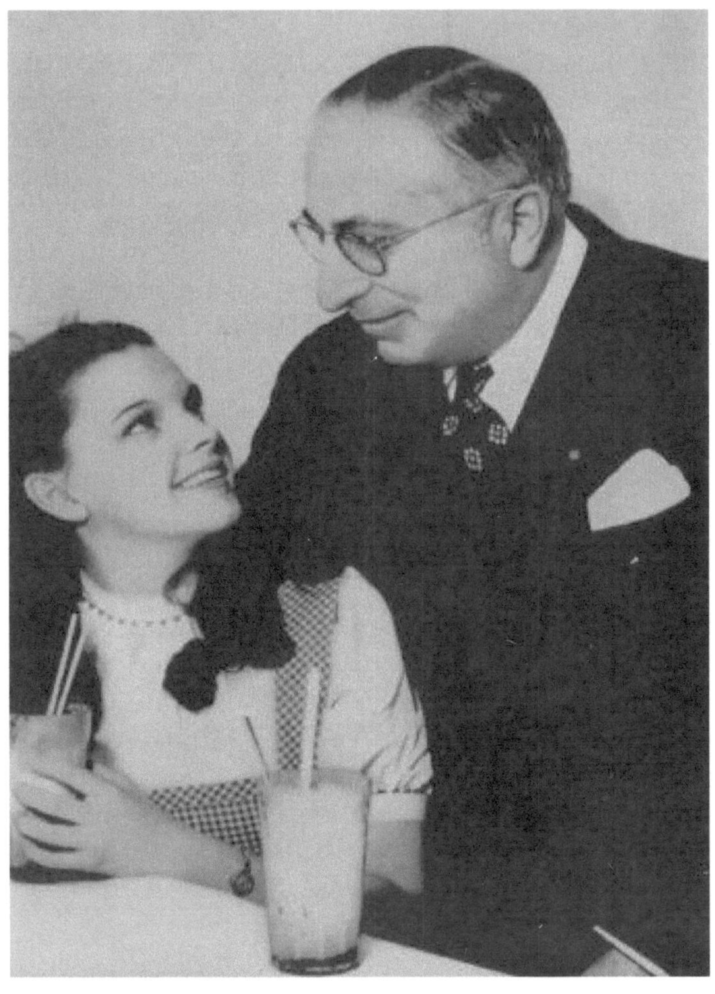

Louis B. Mayer (um 1895–1957) mit Judy Garland

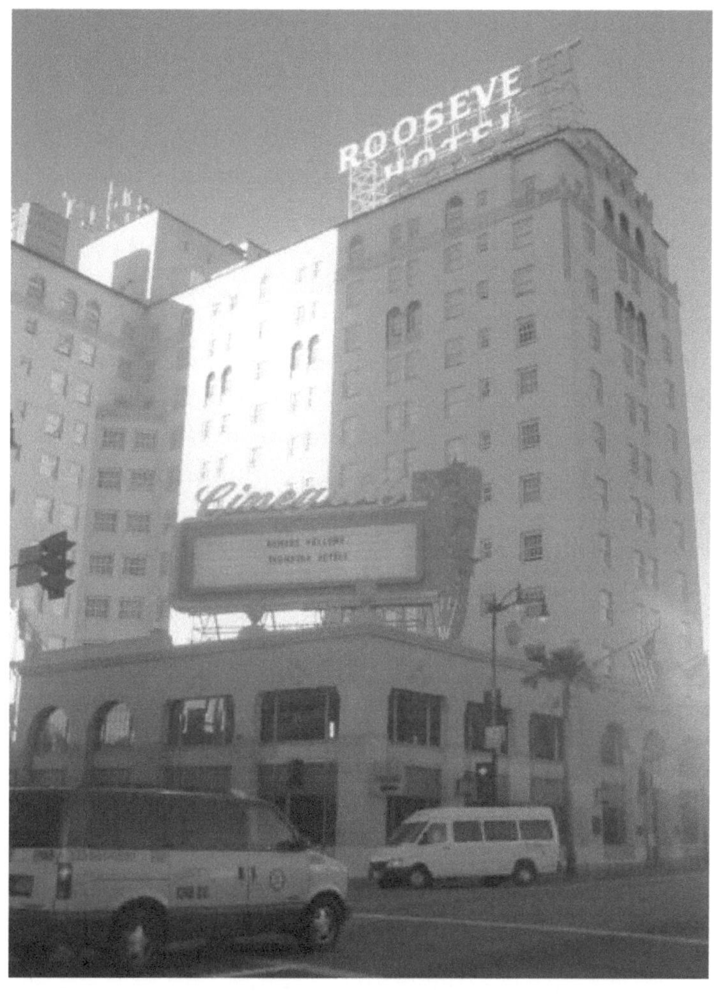

Luxushotel „Hollywood Roosevelt Hotel" in Hollywood

Filmstudios „Metro-Goldwyn-Mayer" („MGM"), Louis B. Mayer (um 1895–1957). Diese drei hatten Anfang 1927 bei einem Geschäftsessen die Idee zur Gründung einer Akademie, die Gewerkschaften und die Zensurbehörde im Zaum halten und Hollywood wieder zum Glanz und Geld der Gründerjahre verhelfen sollte.

Bei einem Galadinner am 11. Januar 1927 in Los Angeles mit 33 auserlesenen Gästen stieß der Vorschlag der drei Vordenker auf offene Ohren: Die 36 Teilnehmer gründeten die „Academy of Motion Picture Arts and Sciences" („A.M.P.A.S."). Am 11. Mai 1927 folgte der erste öffentliche Auftritt der Gründungsmitglieder im „Hotel Biltmore", bei dem bekannt gegeben wurde, künftig sollten regelmäßig herausragende Leistungen im Filmgeschäft mit Preisen bedacht werden.

1928 beschloss die Akademie, eine Statue entwerfen zu lassen, die ihrem Preis das nötige Gewicht verleihen sollte. Daraufhin entwarf der Produktionsdesigner Cedric Gibbons (1893–1960) die 34,3 Zentimeter hohe und fast vier Kilogramm schwere Figur eines Schwertträgers aus vergoldetem Metall, der auf einer Filmrolle steht. Als einer der einflussreichsten Designer der Filmgeschichte gewann er selbst elfmal den „Oscar".

Wem der Ruhm gebührt, die umständliche Bezeichnung „Academy Award of Merit" durch den einprägsameren Begriff „Oscar" ersetzt zu haben, ist unklar. Denn als

Taufpate für die Bezeichnung, die zu einem der bekanntesten Markennamen der Welt wurde, werden gleich drei Personen erwähnt.

Nach der offiziellen Version soll Margaret Herrick (1902–1976), die Bibliothekarin der Akademie, beim Anblick der Figur ausgerufen haben, dieser sehe aus wie ihr Onkel Oscar. Andererseits erklärte die Filmschauspielerin Bette Davis (1908–1989) bei jeder Gelegenheit, die Statue erinnere sie an ihren ersten Mann Harmon Oscar Nelson (1907–1975). Außerdem bestand der Filmkolumnist Sidney Skolsky (1905–1983) darauf, er habe in einem Artikel am 18. März 1934 als erster in der Presse den Ausdruck „Oscar" verwendet.

Zu den ersten Namen der Gewinner, die unter dem Academy-Kürzel „A.M.P.A.S." in den Sockel eines „Oscar" eingraviert wurden, gehörte der von Janet Gaynor. Sie entwickelte sich allmählich zum Idealbild der mütterlichen Kameradin, der immer patenten Freundin, ohne Falten im Gesicht und ohne Schnörkel in der Seele. Treu und tapfer kämpfte sie in den meisten ihrer Filme für jene, die sie liebte.

Am 11. September 1929 heiratete Janet Gaynor den gut aussehenden, 30-jährigen Rechtsanwalt Jesse Lydell Peck, der sie um eine halbe Kopflänge überragte. Lydell arbeitete zeitweise bei verschiedenen Filmstudios: von 1925 bis 1927 als Regieassistent bei „Cecil B. DeMille Productions", von 1927 bis 1929 als Produzent bei „Paramount Pictures Corporation" und von 1929 bis

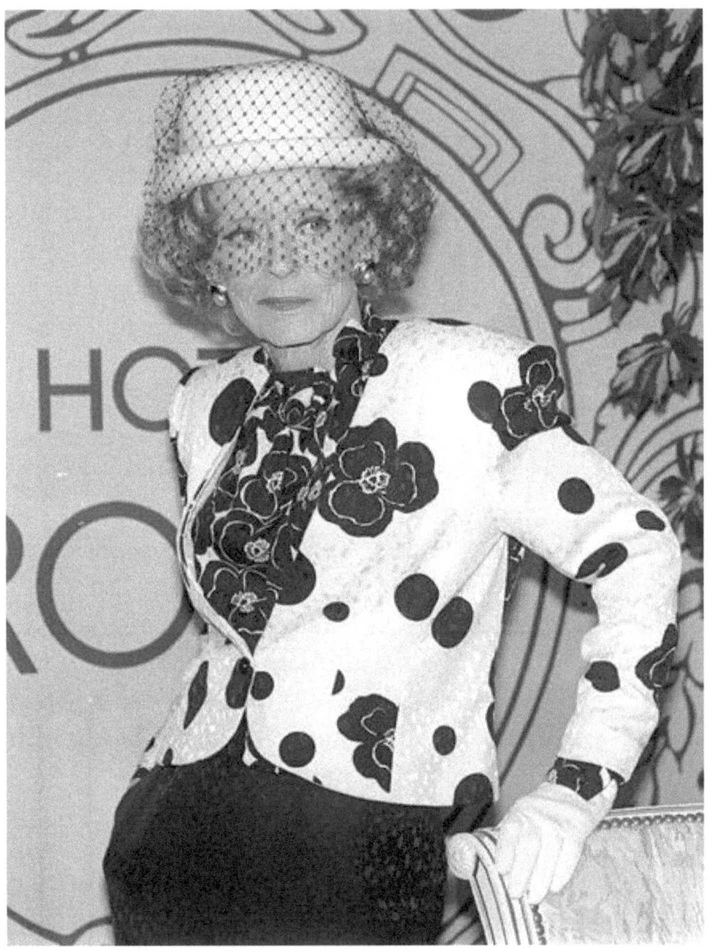

Bette Davis (1908–1989)

1931 als Produzent bei „Fox Films Corporation". Die Ehe mit Peck blieb kinderlos. Bereits 1931 reichte Janet wegen der beherrschenden Art ihres Gatten die Scheidung ein, die am 7. April 1933 rechtskräftig wurde. Danach wurde Lydell beruflich außerhalb der Filmbranche aktiv.

1929 schaffte Janet Gaynor in dem Musical „Sunny Side Up" mühelos den Wechsel zum Tonfilm. Anfang der 1930-er Jahre war sie noch vor Will Rogers (1879–1935) der größte Star des Studios „Fox Films Corporation". Die zierliche, 1,52 Meter kleine Janet Gaynor und der 1,80 Meter große, breitschultrige Charles Farrell (1901–1990), mit dem sie ab 1927 in einem Dutzend Filmen auftrat, galten bald als „Amerikas beliebteste Turteltauben". Die Beiden bildeten die Konkurrenz für die etablierten Kino-Traumpaare John Gilbert (1899–1936) und Greta Garbo (1905–1990) sowie Ronald Colman (1891–1958) und Vilman Banky (1898–1991). Winfield Sheehan nahm Janet für rührselige Kassenschlager – wie „Daddy Long Legs" („Daddy Langbein", 1931) – unter Vertrag.

Zur Enttäuschung unzähliger Fans heiratete Charles Farrell am 14. Februar 1931 die Schauspielerin Virginia Valli (1896–1968). Die Seelenverwandtschaft zwischen Farrell und Gaynor in ihren gemeinsamen Filmen hatte offenbar nicht für eine Ehe im wirklichen Leben gereicht. 1934 verließ Charles das Filmstudio „Paramount".

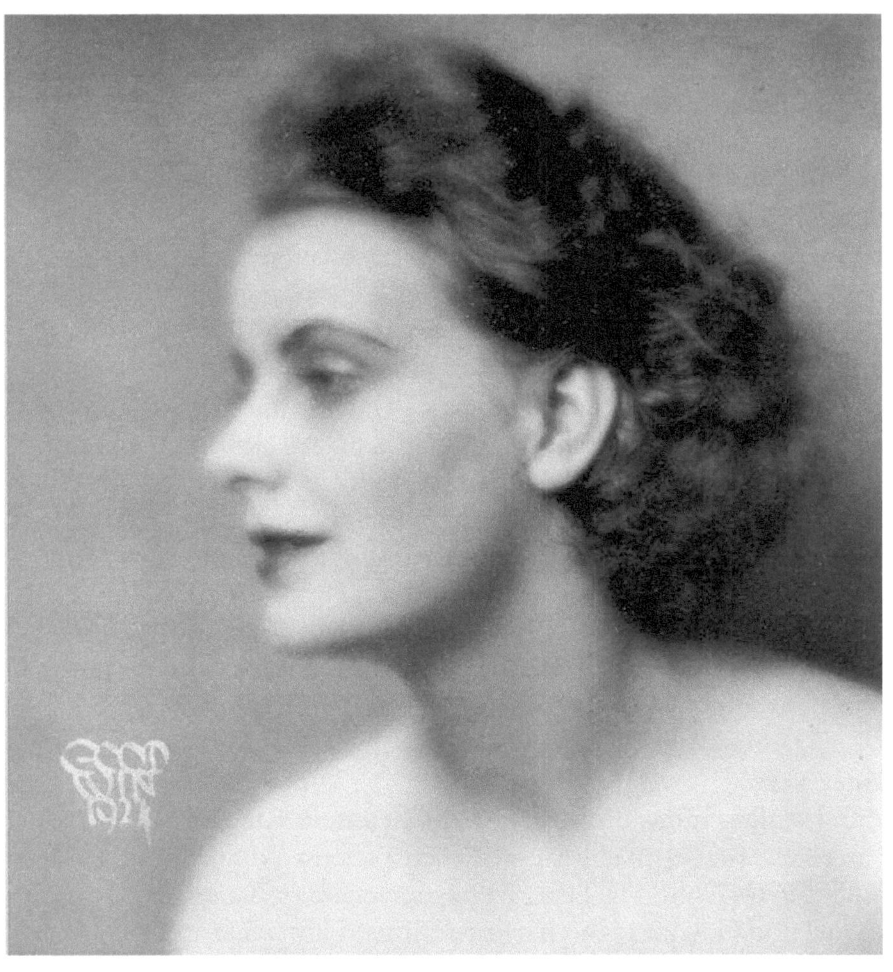

Greta Garbo (1905–1990)

Die bekannte Kolumnistin Elizabeth Yeaman schrieb am 4. April 1932 über Janet Gaynor, die damals eine führende Naive in Hollywood war: „Janet Gaynor ist ein ungewöhnliches Beispiel für einen Filmstar, der in all den Jahren seiner Karriere nie versucht hat, etwas mehr Weltläufigkeit in sein Image einzubauen. Selbst in den letzten zwei Jahren, als Weltläufigkeit die unabdingbare Voraussetzung für einen Star zu bilden schien. Norma Shearer, Greta Garbo, Joan Crawford, Kay Francis, Ruth Chatterton, Carole Lombard, Constanze Bennett und sogar Ann Harding, sie alle haben ihre Ausflüge in die Weltläufigkeit bereits hinter sich gebracht. Nur Janet Gaynor ist das naive, süße, kleine Waisenkind auf der Leinwand geblieben und hat trotzdem eine der größten Anhängerschaften in der Filmindustrie."

1934 wurde Janet Gaynor zum zugkräftigsten weiblichen Star an der Kinokasse gewählt. Doch inzwischen hatte ihr Studio Shirley Temple unter Vertrag genommen, die von Janet später den Titel „America's Sweetheart" übernahm. Nach dem Bankrott des alten „Fox"-Studios und dem Zusammenschluss zur neuen Firma „20th Century Fox" begann der Stern von Janet Gaynor zu verblassen.

1936 verließ Janet Gaynor das Studio „20th Century Fox". Danach drehte sie zwei erfolgreiche Komödien bei „Metro-Goldwyn-Mayer" („MGM"): „Small Town Girl" (1936) und „Three Loves Has Nancy" (1938).

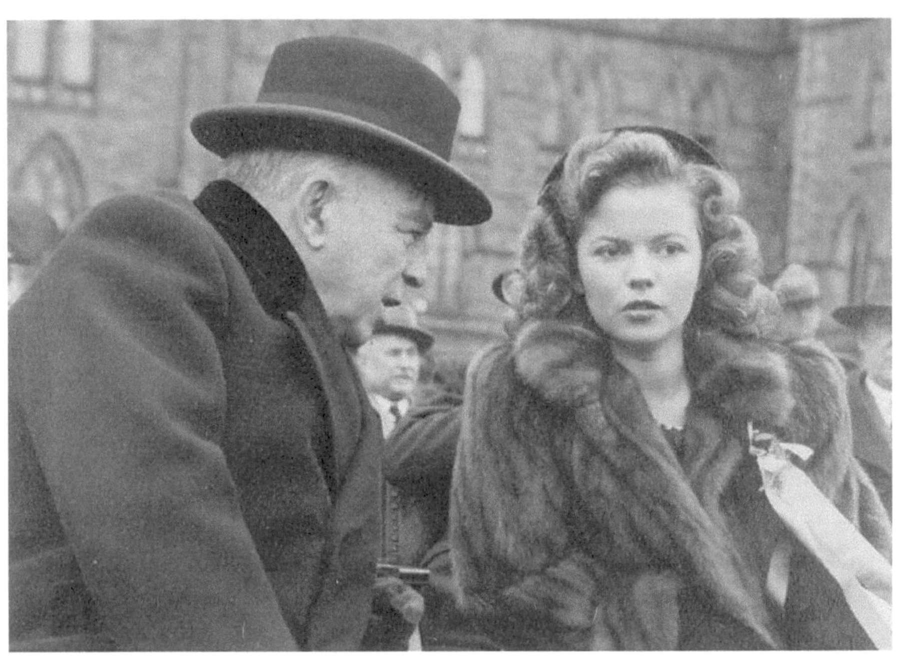

Shirley Temple (rechts) im Oktober 1944
mit dem kanadischen Premierminister
William Lyon Mackenzie King (1874–1950)

1937 wechselte Janet Gaynor zu dem kreativen Produzenten David O. Selznick (1902–1965), der 1936 seine eigene Firma „Selznick International Pictures" gegründet hatte. Zusammen mit ihm drehte sie „A Star is Born" („Ein Stern geht auf", 1937) und „The Young in Heart" („Gauner mit Herz", 1938).
In „A Star is Born" verkörpert Janet Gaynor die junge Schauspielerin Vicky Lester, für die der amerikanische Traum, von ganz unten nach ganz oben zu gelangen, Wirklichkeit wird. Aber Vicky muss den Weg zu Ruhm und Reichtum teuer bezahlen. Ihre Ehe scheitert im Augenblick ihres größten Triumphes, als sie den „Oscar" erhält. Für diese Rolle hat man Janet Gaynor als beste Hauptdarstellerin für den „Oscar" nominiert.
1938 wurde Janet Gaynor an das Filmstudio „MGM" ausgeliehen. Dort begegnete sie dem erfolgreichen Kostümbildner Gilbert Adrian (1903–1959), der eigentlich Adrian Adolph Greenberg hieß, und verliebte sich angeblich in ihn. Im August 1939 schloss Janet Gaynor mit Gilbert Adrian ihre zweite Ehe. Diese Verbindung gab zu mancherlei Spekulationen Anlass, weil Adrian bis dahin offen homosexuell gelebt hatte. Womöglich erfolgte die Ehe von Adrian mit Gaynor als Schutzmaßnahme vor eventuellen Anfeindungen in der Filmbranche wegen seiner Homosexualität.
Gilbert Adrian galt als einer der bekanntesten und einflussreichsten Kostümbildner in Hollywood. Er war der Leiter der Kostümabteilung von „MGM" und

veranwortlich für meisten Filme bis 1941. Zum Beispiel entwarf er Kostüme für Greta Garbo, Norma Shearer, Joan Crawford und Marion Davis. Je nach Bedarf entwickelte er für weibliche Filmstars individuelle Lösungen. Bei Greta Garbo etwa durften die Kleider nicht von deren makellosem Gesicht ablenken. Bei Norma Shearer musste er ihre breiten Hüften und kurzen Beine kaschieren. Den umgekehrten Weg beschritt er bei Joan Crawford, deren breite Schultern er durch Schulterpolster betonte, die zu ihrem Markenzeichen wurden.

Zur Zeit ihres größten Erfolges kehrte Janet Gaynor dem Film den Rücken. Zuletzt hatte sie für jeden Streifen, in dem sie mitwirkte, eine Gage von mehr als 100.000 US-Dollar erhalten. Mit 33 Jahren verdiente sie 1939 insgesamt 252.583 US-Dollar. Da sie bereits mehr als eine Million US-Dollar gespart hatte, konnte sie es sich finanziell erlauben, sich nach 17-jähriger Filmarbeit seit ihrer Jugendzeit zur Ruhe zu setzen.

Während der Ehezeit von Janet Gaynor und Gilbert Adrian ging am 7. Juli 1940 der Sohn Robin hervor. 1941 kehrte auch Adrian der Filmwelt den Rücken. Als er den Auftrag erhalten hatte, die Garbo für „Die Frau mit den zwei Gesichtern" (1941) als typische Amerikanerin aus-zustatten, soll er dies mit folgenden Worten kommentiert haben: „When the glamour goes for Garbo, it goes for me as well". Nach seinem Abschied von „MGM" wurde Adrian ein erfolgreicher selbstständiger Designer. Mit ihrem zweiten Gatten unternahm Janet viele Reisen und unterstützte ihn bei seiner Arbeit. Beide Eheleute malten gern.

Auf persönlichen Wunsch von Joan Crawford entwarf Gilbert Adrian später ihre Garderoben für die Filme „Humoreske" (1946) und „Hemmungslose Liebe" (1947).

Während der 1950-er Jahre trat Janet Gaynor in einigen Fernsehserien auf. Man sah sie 1953 in „Medaillon Theatre", 1954 in „Lux Video Theatre" und 1959 in „General Electric Theatre".

1954 kaufen die Eheleute Gilbert Adrian und Janet Gaynor eine 200 Hektar große Ranch inmitten des Urwalds in Brasilien. Dort gefiel es ihren Freunden Richard Halliday (1905–1973) und dessen Ehefrau Mary Martin 1913–1990) so gut, dass sie ein Haus neben den Adrians erwarben. Auf der Ranch in Brasilien verbrachte das Ehepaar Adrian in den nächsten Jahren viel Zeit. Daneben besuchten sie ihre Ranch in Palm Springs (Kalifornien) und ihr Haus auf Hawaii.

Mit einer kleinen Rolle in dem Film „Bernardine" (1957) erlebte Janet Gaynor ihren letzten Auftritt auf der Kinoleinwand. In diesem Streifen von „20th Century Fox" spielte die 50-jährige Janet in der Rolle der Mrs. Ruth Wilson die Mutter von Sanford Wilson, den Dick Sargent (1930–1994) verkörperte. Hauptdarsteller war der damalige Tennie-Schwarm Pat Boone.

Das Eheglück von Janet Gaynor und Gilbert Adrian dauerte 20 Jahre. Während ihrer Proben für das wenig erfolgreiche Theaterstück „The Midnight Sun" erfuhr Janet, dass ihr Ehemann am 13. September 1959 im Alter von 56 Jahren überraschenderweise einem Herzinfarkt erlegen war.

Nach dem plötzlichen Tod von Gilbert Adrian war Janet Gaynor untröstlich und wurde krank. In dieser schweren Zeit tröstete der 14 Jahre jüngere Filmproduzent Paul Gregory (geboren 1920), der eigentlich James Burton Lenhart hieß, die trauernde Witwe und ihren Sohn Robin.

An Weihnachten, 24. Dezember 1964, schloss Janet Gaynor im Alter von 58 Jahren in Las Vegas (Nevada) in einer zivilen Zeremonie ihre dritte Ehe mit dem 44-jährigen Paul Gregory. In der Folgezeit malte sie Blumenbilder und präsentierte diese in Ausstellungen. Außerdem wurde sie Gourmet-Köchin und vermarktete Spezialnahrung.

Die „Academy of Motion Picture Arts and Sciences" feierte in der Nacht vom 29. März 1978 ihr 50. Jubiläum im „Dorothy Chandler Pavillon" in Los Angeles. Bob Hope fungierte als Gastgeber. Walter Matthau (1920–2000) führte Janet Gaynor ein und Janet präsentierte Diane Keaton mit ihrem „Oscar" als beste Hauptdarstellerin in „Annie Hall" (1977).

Vom 19. Januar bis zum 7. Februar 1980 stand Janet Gaynor in 25 Aufführungen des Theaterstückes „Harold und Maude" am Broadway in New York City auf der Bühne. Darin brillierte sie als pfiffige Greisin. Die

Aufführungen fanden bei den Kritikern wenig Anklang, aber Janet wurde meistens freundlich beurteilt. Wenig erfolgreich war sie 1981 auch in dem Theaterstück „Golden Pond" in Chicago.

1981 wirkte Janet Gaynor in der Fernsehserie „The Love Boat" mit. Damals war sie 75 Jahre alt.

Zum Fiasko geriet 1982 eine Taxifahrt von Janet Gaynor mit ihrem Ehemann Paul Gregory, ihrer Freundin Mary Martin und deren Presseagenten Ben Washer (1906–1982) zu einem Abendessen in Chinatown in San Francisco (Kalifornien). Dabei wurde das Taxi von einem Lieferwagen gerammt, dessen betrunkener Fahrer Robert Cato (36) mit überhöhter Geschwindigkeit bei Rot über die Ampel gefahren war. Bei dem Zusammenprall starb Ben Washer. Janet Gaynor wurde schwer verletzt. Ärzte stellten danach bei ihr folgende Diagnose: elf gebrochene Rippen, gebrochenes Schlüsselbein, gebrochenes Becken, geplatzte Blase und Nierenblutung. Noch drei Wochen nach dem Autounfall war ihr Zustand kritisch. Ihr Ehemann erlitt ebenfalls Rippenbrüche und kleinere Nierenverletzungen. Ihre Freundin Mary Martin hatte zwei gebrochene Rippen, einen Beckenbruch und einen Lungenriss. Der Taxifahrer Ronald Drury (45) und der Unfallfahrer Robert Cato kamen mit leichten Verletzungen davon. Cato wurde später zu drei Jahren Gefängnis verurteilt.

Vier Monate lang musste Janet Gaynor nach dem Taxiunfall im Krankenhaus verbringen und ein halbes

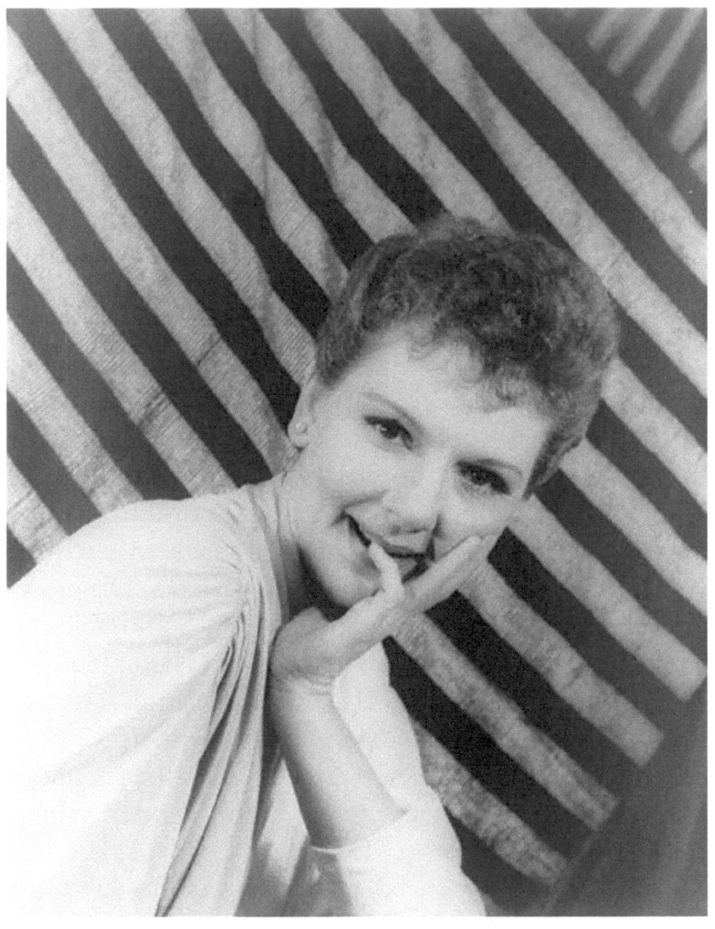

Mary Martin (1913–1990)

Dutzend Operationen erdulden. Dann entließ man sie nachhause. Auf ihrer Ranch in Palm Springs wollte sie sich im Beisein ihres Ehemannes Paul wieder erholen. In den folgenden anderthalb Jahren machte ihre Genesung aber keine Fortschritte. Es schien so, als mache sie für jeden Schritt nach vorn zwei Schritte zurück. Zwei Jahre und neun Tage nach dem schrecklichen Taxiunfall und drei Wochen vor ihrem 78. Geburtstag verlor Janet Gaynor ihren tapferen Kampf. Sie erlag am 14. September 1984 um 1.45 Uhr im Krankenhaus von Palm Springs im Alter von 77 Jahren einer Lungenentzündung. Ihr Ehemann und ihr Sohn waren zuletzt an ihrer Seite. Einige Tage später bestattete man Janet auf dem Friedhof „Hollywood Memorial Cemetery", der heute „Hollywood Forever Cemetery" heißt. Man bettete sie neben ihrem zweiten Ehemann Gilbert Adrian zur letzten Ruhe. Ihr Grab wird auch heute noch immer mit Blumen geschmückt.

Filme von Janet Gaynor

(Auswahl)

1924: Cupid's Rustler, nicht im Abspann erwähnt

1924: Young Ideas, nicht im Abspann erwähnt

1924: All Wet, nicht im Abspann erwähnt

1925: The Haunted Honeymoon, nicht im Abspann erwähnt

1925: Dangerous Innocence, nicht im Abspann erwähnt

1925: The Burning Trail, nicht im Abspann erwähnt

1925: The Teaser, nicht im Abspann erwähnt

1925: The Plastic Age, nicht im Abspann erwähnt

1925: The Crook Buster, nicht im Abspann erwähnt

1925: Flaming Flappers, nicht im Abspann erwähnt

1925: Ben Hur, nicht im Abspann erwähnt

1925: A Punch in the Nose, nicht im Abspann erwähnt

1926: The Beautiful Cheat, nicht im Abspann erwähnt

1926: The Johnstown Flood

1926: Oh What a Nurse!, nicht im Abspann erwähnt

1926: Skinner's Dress Suit, nicht im Abspann erwähnt

1926: Fade Away Foster, nicht im Abspann erwähnt
1926: The Shamrock Handicap
1926: The Fire Barrier, nicht im Abspann erwähnt
1926: The Man in the Saddle, nicht im Abspann erwähnt
1926: Pep of the Lazy J, nicht im Abspann erwähnt
1926: The Blue Eagle
1926: The Midnight Kiss
1926: The Return of Peter Grimm
1926: Martin of the Mounted, nicht im Abspann erwähnt
1926: Lazy Lightning, nicht im Abspann erwähnt
1926: 45 Minutes from Hollywood, nicht im Abspann erwähnt
1926: The Stolen Ranch, nicht im Abspann erwähnt
1927: Das Glück in der Mansarde (Sevent Heaven)
1927: The Horse Trader, nicht im Abspann erwähnt
1927: Two Girls Wanted
1927: Sonnenaufgang – Lied von zwei Menschen (Sunrise: A Song of Two Humans)
1928: Engel der Straße (Street Angel)
1929: Vier Teufel
1929: Lucky Star
1929: Christina
1929: Sunny Side Up, Tonfilm
1930: High Society Blues
1931: The Man Who Came Back
1931: Dadddy Long Legs

1931: Merely Mary Ann
1931: Delicious
1932: The First Year
1932: Tess of the Storm Country
1933: Jahrmarktsrummel (State Fair)
1933: Adorable
1933: Paddy the Next Best Thing
1934: Carolina
1934: Change of Heart
1934: Servants' Entrance
1935: One More Spring
1935: The Farmer Takes a Wife
1936: Kleinstadtmädel (Small Town Girl)
1936: Ladies in Love
1937: Ein Stern geht auf (A Star is Born)
1938: Three Loves Has Nancy
1938: Gauner mit Herz (The Young in Heart)
1957: Bernardine

Quelle: Wikipedia und Internet Movie Database

Literatur

FEMBIO Frauen-Biographie-Forschung
http://www.fembio.org
INTERNET MOVIE DATABASE
(Film-Datenbank)
http://www.imdb.com
PROBST, Ernst: Superfrauen 7 – Film und Theater,
Mainz-Kostheim 2001
PROBST, Ernst: Königinnen des Films, München 2012
PUBLIKUMSLIEBLINGE NICHT NUR VON
GESTERN http://www.steffi-line.de
Internetseite von Stephanie D'heil, Düsseldorf
WIKIPEDIA (Online-Lexikon)
http://wikipedia.org
WINNERT, Derek (Herausgeber): Janet Gaynor. Aus:
Kino. Die große Welt der Filme und Stars, S. 95, Nie-
dernhausen 1995

Bildquellen

Klaus Benz, Fotograf, Mainz-Laubenheim: 42
Flickr http://www.flickr.com:
Jan Willemsen/CC-BY-NC-Sa2.0 (Reproduktion eines
Fotos von 1937): 1,
Lizenz: http://creativecommons.org/licenses/by-nc-
sa/2.0/legalcode
Library and Archives Canada (Foto vom 21. Oktober
1944): 24
Library of Congress, Prints and Photographs Division,
Washington (Foto des amerikanischen Schriftstellers und
Fotografen Carl van Vechten (1880–1964) vom 12. Januar
1949): 30
Library of Congress, Prints and Photographs Division,
Washington (Foto um 1916): 10
Library and Archives Canada (Foto vom 21. Oktober
1944): 10
Metro-Goldwyn-Mayer (MGM): 16 (Publicity still
released by MGM)
Reproduktion eines Fotos des deutschen Fotografen
Nicola Perscheid (1864–1930) zwischen 1925 und 1930:
12

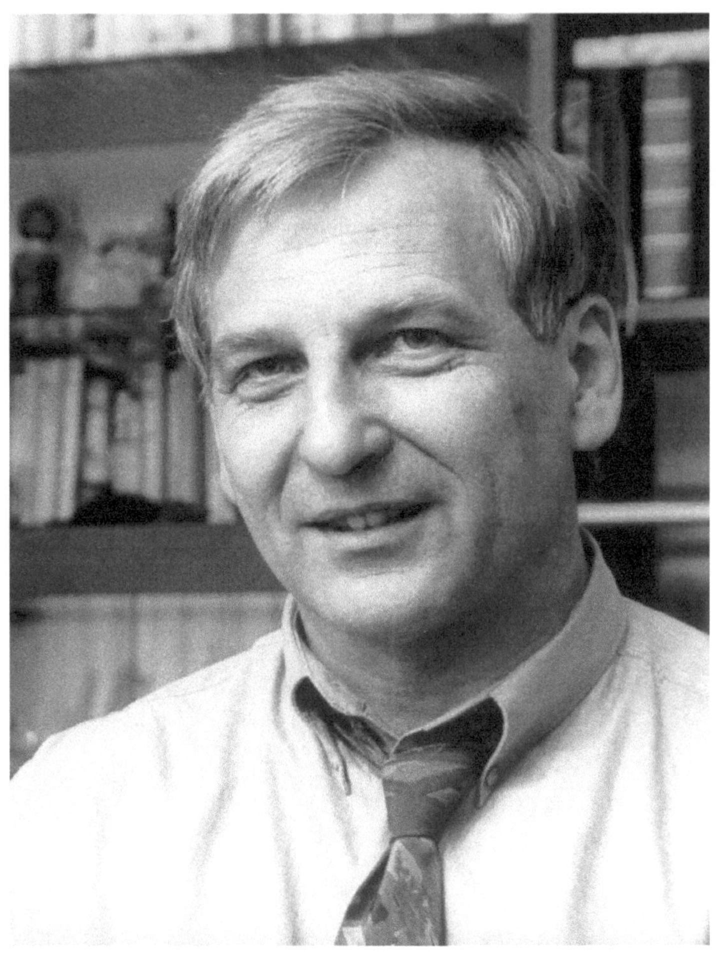

Autor Ernst Probst

Der Autor Ernst Probst

Ernst Probst, geboren am 20. Januar 1946 in Neunburg vorm Wald im bayerischen Regierungsbezirk Oberpfalz, ist Journalist und Wissenschaftsautor. Er arbeitete von 1968 bis 1971 als Redakteur bei den „Nürnberger Nachrichten", von 1971 bis 1973 in der Zentralredaktion des „Ring Nordbayerischer Tageszeitungen" in Bayreuth und von 1973 bis 2001 bei der „Allgemeinen Zeitung", Mainz. In seiner Freizeit schrieb er Artikel für die „Frankfurter Allgemeine Zeitung", „Süddeutsche Zeitung", „Die Welt", „Frankfurter Rundschau", „Neue Zürcher Zeitung", „Tages-Anzeiger", Zürich, „Salzburger Nachrichten", „Die Zeit", „Rheinischer Merkur", „Deutsches Allgemeines Sonntagsblatt", „bild der wissenschaft", „kosmos", „Deutsche Presse-Agentur" (dpa), „Associated Press" (AP) und den „Deutschen Forschungsdienst" (df). Aus seiner Feder stammen die Bücher „Deutschland in der Urzeit" (1986), „Deutschland in der Steinzeit" (1991) und „Deutschland in der Bronzezeit" (1996). Von 2001 bis 2006 betätigte sich Ernst Probst als Buchverleger sowie zeitweise als internationaler Fossilienhändler und Antiquitätenhändler. Insgesamt veröffentlichte er rund 200 Bücher, Taschenbücher, Broschüren und E-Books.

Bücher von Ernst Probst

(Auswahl)

Als Mainz noch nicht am Rhein lag

Annie Oakley
Die Meisterschützin des Wilden Westens

Archaeopteryx. Der Urvogel
aus Bayern

Christl-Marie Schultes. Die erste Fliegerin in Bayern
(zusammen mit Theo Lederer)

Cortés und Malinche. Der spanische Eroberer
und seine indianische Geliebte

Der Europäische Jaguar

Der Mosbacher Löwe
Die riesige Raubkatze aus Wiesbaden

Der Rhein-Elefant
Das Schreckenstier von Eppelsheim

Die Dolchzahnkatze Megantereon

Die Dolchzahnkatze Smilodon

Die Säbelzahnkatze Homotherium

Die Säbelzahnkatze Machairodus

Die Schweiz in der Frühbronzezeit

Die Rhône-Kultur in der Westschweiz

Die Arbon-Kultur in der Schweiz

Die Schweiz in der Mittelbronzezeit

Die Schweiz in der Spätbronzezeit

Dinosaurier von A bis K. Von Abelisaurus
bis zu Kritosaurus

Dinosaurier von L bis Z. Von Labocania
bis zu Zupaysaurus

Eiszeitliche Geparde in Deutschland

Eiszeitliche Leoparden in Deutschland

Frauen im Weltall

Hildegard von Bingen. Die deutsche Prophetin

Höhlenlöwen. Raubkatzen
im Eiszeitalter

Julchen Blasius
Die Räuberbraut des Schinderhannes

Katharina II. die Große.
Die Deutsche auf dem Zarenthron

Johann Jakob Kaup
Der große Naturforscher aus Darmstadt

Königinnen der Lüfte in Deutschland

Königinnen der Lüfte in Europa

Königinnen der Lüfte in Amerika

Königinnen der Lüfte von A bis Z

Rund 70 Kurzbiografien berühmter Fliegerinnen,
Ballonfahrerinnen, Luftschifferinnen,
Fallschirmspringerinnen, Astronautinnen und
Kosmonautinnen

Königinnen des Films

Königinnen des Tanzes

Königinnen des Theaters

Malende Superfrauen

Meine Worte sind wie die Sterne

Die Entstehung der Rede des Häuptlings Seattle
(zusammen mit Sonja Probst)

Monstern auf der Spur
Wie die Sagen über Drachen, Riesen
und Einhörner entstanden

Neues vom Ur-Rhein
Interview mit dem Geologen und Paläontologen
Dr. Jens Sommer

Österreich in der Frühbronzezeit

Österreich in der Mittelbronzezeit

Österreich in der Spätbronzezeit

Pompadour und Dubarry. Die Mätressen
von Louis XV.

Raub-Dinosaurier von A bis Z.
Mit Zeichnungen von Dmitry Bogdanav
und Nobu Tamura

Rekorde der Urmenschen
Erfindungen, Kunst und Religion

Rekorde der Urzeit
Landschaften, Pflanzen und Tiere

Säbelzahnkatzen. Von Machairodus
bis zu Smilodon

Säbelzahntiger am Ur-Rhein. Machairodus
und Paramachairodus

Superfrauen aus dem Wilden Westen

Tony und Bruno Werntgen. Zwei Leben für die Luftfahrt
(zusammen mit Paul Wirtz)

Was ist ein Menhir?
Interview mit dem Mainzer Archäologen
Dr. Detert Zylmann

Weisheiten der Indianer

Wer ist der kleinste Dinosaurier?
Interviews mit dem Wissenschaftsautor Ernst Probst

Wer war der Stammvater der Insekten?
Interview mit dem Stuttgarter Biologen
und Paläontologen Dr. Günther Bechly

Zenobia von Palmyra.
Eine Frau kämpft gegen die Römer

Bestellungen bei: http://www.grin.com